Lb.49 257.

AF244404

RÉFLEXIONS

DE S. M. CHARLES X.

RÉFLEXIONS

sur

le Sacre de Sa Majesté

CHARLES X,

SON SERMENT AU MAITRE AUTEL DE REIMS;

SA RENTRÉE DANS SA CAPITALE AVEC SON AUGUSTE FAMILLE,
ACCOMPAGNÉ DES GRANDS DU ROYAUME;

Et des Résultats importans de ces deux Actes solennels,
sous le rapport de la Religion, de la Politique, du bonheur
de la France et de l'Europe;

PAR J. GILLÉ, TYPOGRAPHE,

Membre de l'Athénée des Arts de Paris,

Auteur du premier PROJET DE CHAMBORD, for. *in-folio*, présenté
à la Cour le 6 octobre 1820; de deux NOTICES *in-4.º* sur les
Expositions au Louvre en 1819 et 1823, et autres Ouvrages.

PARIS,

L'AUTEUR, RUE SAINT-JEAN-DE-BEAUVAIS, N.º 18;
DENTU, IMPRIMEUR-LIBRAIRE, PALAIS-ROYAL, GALERIE DE BOIS.

1825.

RÉFLEXIONS

SUR LE SACRE

DE S. M. CHARLES X.

Un roi, pour ses sujets, est un dieu qu'on vénère.
VOLTAIRE.

Après les tempêtes dissipées qui couvrent de débris les mers et le grand Océan, les matelots, encore effrayés, remercient Dieu qui les a conservés, et ils se montrent tous aussi reconnaissans envers leurs chefs, les maîtres de l'équipage ou de l'armée navale ; car ils ont apprécié, dans le danger des tempêtes, la sagesse des manœuvres qui leur ont été commandées, et à l'exécution desquelles ils doivent leur conservation.

Le globe terrestre a aussi ses tempêtes, ses ouragans et ses bourrasques. La religion, la politique ont souvent ébranlé le monde ; mais les gouvernemens comme les peuples, rendus au calme, sentent leurs torts ; ils en conviennent tacitement, se promettant meilleures fins dans leurs vues et pensées.

Telle a été, depuis longues années, la position

de l'Europe et de la France, qui, grâces à
Louis XVIII et aux sages qui ont présidé à ses
conseils, ont replacé cette belle France dans le
rang qu'elle doit occuper dans le monde, vu sa
civilisation et vu encore sous le rapport de sa réli-
gion, de ses lois et de ses beaux arts et ceux industriels, si admirables, si utiles et si consolans pour
le bonheur de tous. Qui n'a pas applaudi à leurs
généreux efforts dans toutes les expositions de
l'industrie française accueillie dans le palais de
nos rois!

Mais le 29 mai 1825, époque à jamais célèbre
dans notre histoire, Charles X vient de rattacher
et consolider à jamais quelques annéaux mal as-
surés de cette chaîne invisible qui lie, unit tous
les hommes, n'importe le rang plus ou moins
élevé qu'ils occupent dans la société; chaîne divine dont l'Éternel tient le premier anneau,
chaîne invisible qui échappe à nos faibles re-
gards, et qui cependant rappellera chaque jour
les hommes à leurs devoirs, s'ils en étaient oublieux.

Telle a été l'importance de ces actes solennels et religieux. Le monarque Charles X et tous
ses sujets ont prêté à Reims leurs sermens sur le
même autel où Clovis a juré en 496, de défendre
les lois; et la Charte constitutionhelle, œuvre des

méditations de Louis XVIII en tous pays, en tous lieux, a été jurée par son auguste frère Charles X, qui, en approchant des premiers degrés de son trône, les yeux encore mouillés de larmes, reconnaît une place libre, auguste, mais qui a été glorieusement remplie.

Son devoir était tracé d'avance dans son cœur : *J'ai juré fidélité à la Charte comme sujet, je la défendrai comme roi.*

Ces premières et augustes paroles franches et échappées facilement d'un cœur généreux, d'un chevalier français, d'un Bourbon, ont attendri son peuple ; elles ont retenti plus tard d'un pôle à l'autre. Le sentiment, chez les gens de bien, est plus prompt que le feu électrique.

Eh bien ! heureux Français, le même serment, librement émané du cœur de Charles X, par l'amour qu'il porte à son peuple, est juré par votre roi à Reims, aux yeux de son peuple et de l'Europe entière, représentée par ses ambassadeurs et envoyés, qui tous ont entendu sa voix ; son cher fils le Dauphin, vainqueur généreux et pacificateur de l'Espagne ; Mme la Dauphine, Madame Duchesse de Berri, et son auguste famille. Leurs Altesses étaient près de Sa Majesté, et toutes ont applaudi respectueusement à ses augustes volontés.

La monarchie française, veuve de soixante-neuf rois, est enfin *consolidée*. Ces deux grands actes solennels ont appris au monde entier que la Providence a aussi ses vues impénétrables et immuables; il faut tôt ou tard que l'ordre renaisse : le chaos ne peut l'anéantir.

La religion, les lois ont aussi des sanctuaires : le cœur des rois comme celui des justes leur serviront toujours et en tous temps d'asiles, d'asiles impénétrables aux profanateurs et aux méchans!

Un roi de France, Jean-le-Bon, disait, et a souvent répété : *Que si la vérité était bannie de tout le reste du monde, elle devrait se retrouver sur la bouche des rois.*

Dans les révolutions, le juste doit veiller à lui et à sa sûreté; il est le vertueux dépositaire des sages et saines doctrines : son devoir est de les conserver pour les faire briller dans tout leur éclat après les orages.

Il est en tout temps permis de chercher un refuge contre les attentats de la licence. Comme le voyageur imprudent et craintif sur le chemin qu'il a à suivre, cet homme juste doit éviter de se placer en plein jour sous un bel arbre quand la foudre gronde, car elle pourrait l'atteindre; et pour sa conservation et celle de l'humanité, il doit se conserver et éviter ses coups (1).

Dans les orages désastreux, le méchant seul ose braver et injurier aux coups du tonnerre. Il a donc cru, l'insensé, le malheureux, à la miséricorde divine!

Mais laissons ces souvenirs fâcheux déjà loin de nous.

Louis XVIII nous a préparé, ainsi qu'à nos enfans, des jours plus prospères; sa dynastie est sur son trône et enfin heureuse; l'avenir se présente riche d'espérance; le duc de Bordeaux et sont aimable sœur sont chéris du peuple français.

Charles X a prêté ses sermens, le peuple français respectera religieusement les siens. Nos annales reconnaissent soixante-neuf rois jusqu'à Charles X : tous, depuis Clovis, baptisé, sacré à Reims par saint Remy, le jour de Noël, en 496; tous les successeurs de Clovis ont suivi les dogmes de la religion chrétienne. Charlemagne a été sacré à Rome dans le temple de Saint-Pierre; le pape, au Vatican, a enregistré ses sermens;

----

(1) Desèze, Malsherbe, Thouret, Belard, Précy, à Lyon, et tous les otages dévoués et victimes, la marine de Quiberon, sacrifiée à l'infâme politique, et tant de noms que je ne désigne pas, crainte d'offenser de nobles et illustres modesties.

Reims, Soissons, Noyon, etc., ceux des rois de nos trois dynasties. Tous les rois de France ont juré sur les autels de faire observer nos lois religieuses et civiles, et de faire bien respecter les coutumes des temps, lois civiles et religieuses, écrites alors sur parchemin.

Mais chacun de nos rois, dans le siècle heureux ou malheureux où il a vécu, a souvent vu ses louables intentions entravées par les factions, les passions, l'ignorance absolue des temps, et de perfides gloseurs commentateurs ont plus d'une fois altéré le feu pur des lois religieuses et civiles; la duplicité trompait alors sa crédulité, et nos rois en ont été souvent les premières victimes (1).

Nos premiers codes étaient informes, souvent mal rédigés et mal interprétés, selon l'intérêt du moment; ils étaient d'ailleurs écrits en différentes langues du temps. Tous nos rois, leurs sages conseillers, voulaient le bien, et à toutes les différentes époques de l'histoire de France, vous verrez toujours nos rois défendre avec respect les libertés de l'Eglise gallicane contre les prétentions mal fondées de la cour de Rome, ainsi que nos lois civiles.

---

(1) Louis-le-Débonnaire, renfermé deux fois dans l'abbaye de Soissons, en 830 et 833.

« L'an 771, Charlemagne paraît : grand politique et conquérant, il avait interrogé, dans le cours de ses conquêtes, les savans, les légistes ; le Code de Justinien et toutes les lois romaines avaient frappé sa pensée après avoir attendri son noble cœur. Il réfléchit.........., remet son épée dans le fourreau, la suspend, ainsi que son casque et sa cuirasse, aux murs de son palais. Il pouvait subjuguer l'univers ; mais Dieu avait mis tout son pouvoir dans les yeux d'une femme ; son épouse, l'impératrice Clotilde, divinement inspirée, a calmé toutes ses vues ambitieuses.

» Charlemagne médite, et reste convaincu qu'il est une autre gloire à conquérir, c'est celle de législateur : son zèle n'a plus de bornes, traducteurs, copistes, tous secondent ses vues généreuses ; ses Capitulaires (depuis renouvelées par Louis XIV) sont envoyées écrites sur parchemin, et bien recommandées, dans tous les pays conquis par la valeur de ses armes, avec ordre de les exécuter. »

Ce grand et généreux vainqueur ferme ses arsenaux ; il ne veut plus qu'instruire et conserver ; il regrette même ses victoires, si le bonheur des peuples soumis ne peut essuyer le sang de ses lauriers.

Ce grand génie a devancé de plusieurs siècles

la civilisation de l'Europe; il a bien mérité de l'humanité (1).

Parcourez l'histoire de France dans ses fastes, vous verrez toujours nos rois occupés à perfectionner notre législation et à protéger la religion de tous leurs sujets contre les prétentions mal fondées de la cour de Rome, notamment Charlemagne, Saint-Louis, Philippe-le-Bel, Henri IV, Louis XIV. C'est sous le règne de ce grand monarque que le célèbre Bossuet et le clergé de l'Église gallicane ont respectueusement fixé les droits de l'Église romaine comme ceux du pape. La religion et la politique ont signé ce saint traité dans tous les intérêts de la religion et de la morale publique. Vous avez donc, Français, un code religieux, et obtenu ce jour à Reims une Charte constitutionnelle, plus heureux que nos pères après tous les efforts de la saine raison contre le fanatisme et l'ignorance.

----

(1) L'art de l'imprimerie n'était pas encore connu, car Guttemberg, Faust, Coster, Pierre Schœffer ne l'ont découvert ou bien fait connaître qu'en 1450. Des livres entiers, tels que le Psautier, n'ont paru qu'en 1453.

Quand Charlemagne ordonna de transcrire et d'envoyer les Capitulaires de Justinien dans les pays conquis par la valeur de ses armes, on grata des parchemins écrits pour les transcrire. Ses manuscrits sont peut-être à regretter. Que d'obstacles vaincus par ce grand homme !

Ce jour, la France a ses lois religieuses, sa foi écrite selon l'Évangile, et bien reconnue par la cour de Rome.

Louis XVIII, Charles X ont reconnu les Codes de nos lois judiciaires. Charles X, à Reims, a juré de défendre et de faire respecter la Charte constitutionnelle : l'ergotage ne peut donc plus rien sur nos lois civiles et religieuses.

Le temps les couvrira à jamais de son triple airain. Oui, Charles X, sur le même autel où étaient placés l'Évangile et la Charte constitutionnelle, a juré de les protéger, même de les défendre.

Le Tout-Puissant était présent : les ministres de Dieu, inspirés par lui, bénissaient tous, comme Siméon dans son temple, les heureux jours accordés à leur vieillesse.

Quel spectacle plus imposant, plus religieux, que cette noble alliance d'un monarque avec tous ses sujets !

C'est un père entouré de ses premiers enfans, des princes de son sang, de son auguste famille, des grands de son royaume ; prélats, magistrats, guerriers, ministres, pairs, députés, préfets, et de tous les hommes qui, dans les différens ordres de l'Etat, le consolent et l'aident chaque jour à faire le bonheur de son peuple.

« Le même jour, 29 mai 1825, au pied de ce même autel, à Reims, trente millions de sujets se sont prosternés unis en pensées et demandant au Dieu tout-puissant ce que des enfans tendres et respectueux désirent pour le bonheur d'un bon père et d'un bon roi. Tous les peuples, amis de l'ordre et de la justice, ont fait le même vœu dans leurs temples pour le bonheur de Charles X, notre Roi chéri et législateur.

« Charles X arrive au trône de ses ancêtres, il voit les libertés publiques violées par une double insulte à la magistrature et aux droits des Français. Que fait-il ? Il abolit la censure. Il connaîtra la vérité; c'est sur le secret de la vérité que les ambitions éphémères fondent leur puissance. Les bénédictions de la France ont été la juste récompense de cet acte vraiment royal.

« Quel exemple donné au monde par Charles X ! Pouvait-il mieux consoler la France et l'Europe, de la mort encore récente de son auguste frère, que de consacrer par son serment solennel, au pied des autels, la Charte, fruit de ses veilles et sages méditations ?

« Louis XVIII changeant d'asile, mais toujours vénéré sur des terres hospitalières, qui, lorsqu'on détruisait loin de ses yeux, mais trop près de son cœur, tous nos codes religieux, civils et

judiciaires, que Thémis voyait ses balances bri-
sées et arrachées de ses augustes mains, que nos
temples, nos autels, nos tombeaux........ les tombeaux étaient profanés!....... Mais je m'arrête....
Les temps sont aussi heureusement que généreu-
sement changés; la religion, la justice, la clémence font entendre chaque jour leurs voix con-
solantes.

Dans les États de Venise, à Vérone, en Allemagne, en Prusse, en Suède, en Pologne, en
Russie, en Angleterre, Louis XVIII est toujours
monarque, toujours roi de France; et à ce titre,
il s'occupe de lui donner un code de lois.

Le sang des Bourbons soutient, fortifie son noble courage, et il rejette avec justice et dignité
les offres injurieuses aux droits de sa couronne,
à son honneur, à celui de son peuple, cher à son
cœur et toujours présent à sa mémoire.

Dans sa réponse pleine d'urbanité et de gran-
deur à un soldat qui, en ce moment trop heureux, ose lui faire des offres et lui proposer des
transactions.

Quel aveuglement dans son triomphe éphé-
mère! Cet homme n'a jamais connu le cœur des
Bourbons (1)!

____

(1) Tout le monde sait qu'en 1814, l'empereur Alexandre

Le 23 février 1803. Vingt-deux années sont écoulées, Français!

M. Meyer, envoyé du cabinet de Berlin, se présente chez Louis XVIII, et lui fait, dans les termes les plus mesurés, mais les plus pressans et les plus persuasifs, la proposition de renoncer au trône de France et d'exiger la même renonciation de tous les membres de la famille des Bourbons; il ajoute que, pour prix de ce sacrifice, Buonaparte est disposé à assurer au Roi des indemnités en Italie, et même une existence brillante.

Le roi qu'animait le sentiment noble, profond, que le malheur fortifie encore dans les âmes éle-

---

alla dîner incognito chez M. de La Harpe, né en Suisse, et instituteur de Sa Majesté. L'empereur Alexandre arrive sans suite et surprend seule Mme de La Harpe, qui se confond en excuses de ce que son époux était sorti; mais elle ajoute qu'il ne peut tarder à rentrer. En attendant, l'empereur se promène dans le petit appartement de la rue de Condé, faubourg Saint-Germain. Il prend un livre dans la bibliothèque, et il se lève impatient de ne pas voir rentrer son ancien ami, son instituteur; puis il s'appuie sur le marbre de la cheminée, absorbé dans ses réflexions; et après dix minutes de silence, il s'écrie en frappant de sa main sur cette même cheminée : « Cet homme a le cœur « plus dur que le marbre! » De quel homme voulait-il parler?

vées, fit sur le champ la réponse suivante, qu'il remit à l'envoyé prussien :

Note de Louis XVIII à M. Buonaparte.

« Prusse, 23 février 1803.

« Je ne confonds pas M. Buonaparte avec ceux
« qui l'ont précédé ; j'estime sa valeur, ses talens
« militaires ; je lui sais gré de plusieurs actes de
« son administration, car le bien qu'on fera à
« mon peuple me sera toujours cher. Mais il se
« trompe, s'il croit m'engager à transiger sur mes
« droits ; il les établirait lui-même s'ils pouvaient
« être litigieux, par la démarche qu'il fait en ce
« moment.

« J'ignore quels sont les desseins de Dieu sur
« ma race et sur moi ; mais je connais les obliga-
« tions qu'il m'a imposées par le rang où il lui a
« plu de me faire naître. Chrétien, je remplirai
« ces obligations jusqu'à mon dernier soupir ; fils
« de Saint-Louis, je saurai, à son exemple, me
« respecter jusque dans les fers ; successeur de
« François Ier, je veux au moins dire comme lui :
« *Tout est perdu, hors l'honneur.* »

Mgr le duc d'Angoulême, aujourd'hui Dauphin de France, vainqueur et pacificateur en Es-

pagne, écrivit au bas de cette noble déclaration :
« Avec la permission de mon oncle, j'adhère de
« cœur et d'âme au contenu de cette lettre. »

L'envoyé parut craindre qu'elle irritât Buonaparte ; qu'il lui fît retirer tous les subsides par
les puissances étrangères.

« Je ne crains pas la pauvreté, dit Louis XVIII ;
« s'il le fallait, je mangerais du pain noir avec
« mes fidèles serviteurs ; mais ne vous y trompez
« pas, je n'en serai jamais réduit là ! J'ai une
« autre ressource dont je ne dois pas user tant
« que j'ai des amis puissans ; c'est de faire con-
« naître mon état en France et de tendre la main,
« non au gouvernement usurpateur, cela, ja-
« mais ! mais à mes fidèles sujets ; et croyez-moi,
« je serai bientôt plus riche que je ne le suis. »

L'envoyé lui fit craindre de nouveaux dangers
pour lui dans son asile.

« Je plaindrai le souverain, dit le Roi, qui se
« croira forcé de prendre un parti de ce genre, et
« je m'en irai. »

Tous les princes français ont admiré, applaudi et adhéré par actes à cette noble déclaration (1) lorsqu'elle leur fut transmise.

____

(1) Pour plus amples renseignemens et documens, lisez
la Vie de Louis XVIII, par M. de Beauchamp. Paris, 1821.

Cette note, écrite en 1803, publiée dans le même temps à Londres, vous prouve la fermeté et l'impassibilité de Louis XVIII dans ses malheurs. *On nous a tout caché.*

Louis XVIII n'a pas même commenté les offres de Buonaparte en 1803; il fait plus, et sans y répondre, il prescrit à ce soldat heureux des devoirs à remplir envers son peuple; il lui sait gré de ceux déjà remplis, et l'invite, au nom de sa gloire et de l'humanité, à veiller au bonheur de son peuple.

Sans applaudir à des triomphes infructueux, son cœur palpite au récit des hauts faits de la valeur française.

Cet heureux vainqueur aurait dû mieux comprendre l'âme de son Roi, qui eût été généreuse envers lui.

La politique de l'Europe le voulait; ses talens militaires et ceux de tous ses compagnons d'armes couverts de tant de gloire, tous frappés de cicatrices honorables.

L'égarement des temps présentait de nobles et irrécusables excuses, si on en avait à demander à tant de braves!

Les cabinets de tous les souverains de l'Europe n'étaient pas sans avoir des torts graves à se reprocher.

L'Europe devait être pacifiée plut tôt, et l'homme qui a fait tant de bien et tant de mal ne serait pas mort sur un rocher. *Sic voluere fata.*

Buonaparte aurait dû conserver pour sa famille, ses braves et pour lui, les avantages qu'il a osé offrir à son souverain. Il a gardé de l'or : mais ce métal si recherché perd de sa valeur devant les devoirs secrets et impérieux de la reconnaissance.

Les souverains de l'Europe auraient fixé ses destinées, PUISQU'IL N'A PAS PU LES FIXER LUI-MÊME !

Buonaparte a cependant possédé une puissance illimitée pour le faire et ordonner sur sa position, celle des siens et de tous les braves. Il est vrai que le bon droit n'était pas de son côté : il avait la force, et non la justice ; ses yeux, aveuglés par son excessive ambition, lui avaient fait perdre de vue les grands principes qui gouvernent depuis quatorze siècles la France et la majeure partie de l'Europe.

La *légitimité*, ce mot seul doit troubler le sommeil de tous les usurpateurs ; ce mot sacré, juste, mais terrible, était écrit en lettres de feu dans les plus sombres appartemens de Cromwell. Voyez cet usurpateur changeant de palais, de domicile chaque nuit. La position de Buonaparte a été bien différente; elle a été heureuse à une époque, enfin sans tache, et même plus que glorieuse, car il marchait à la tête de la civilisation de l'Europe. Mais il oublie les grands principes qui ont régi et règleront toujours l'ordre du monde civilisé (et il voulait être législateur, lui!), principes simples, clairs, et toujours, en tous temps, vainqueurs de l'anarchie, principes enfin trop méconnus par lui et foulés à ses pieds.

Les cabinets de l'Europe auraient entendu ses propositions, ils les auraient pesées dans tous les intérêts communs. Outragé dans tous ses droits bien fondés en juste demande, sa puissance lui donnait les moyens de les défendre. L'opinion, satisfaite des justes sacrifices faits à son pouvoir, l'eût protégé, et le trône de cette reine du monde n'est pas formé *avec du bois pourri ou de mauvais galons.* Buonaparte pouvait faire reconnaître ses droits, et ne point chercher à détruire ceux des autres Monarques : au contraire, il devait présenter ses lauriers, et en orner lui-même la couronne de son roi, puisqu'il n'a pu la maintenir, cette couronne qu'il avait cependant placée lui-même sur son front, et de ses propres mains (telle est peut-être la cause de sa perte, de sa déception entière!). Son illustre alliance avec la maison d'Autriche aurait dû mieux l'inspirer!

BIBLIOTHÈQUE ROYALE

2

La place de Moreau, de Pichegru et de tant d'autres victimes de la légitimité, n'avait pas de fixité en France; le temps, qui détruit, conduit et répare tout, n'avait pas encore sonné l'heure tant désirée de l'ordre et de la restauration.

L'expérience est la fille du temps; elle n'improvise pas, et les grandes épreuves des nations ne sont pas encore à leur terme. Tout, en France et au dehors, tournait sur un cercle vicieux. Louis XVIII disait souvent : *Je suis aux aguets d'un moment qui viendra tôt ou tard.*

Mais Buonaparte a souvent arrêté et même avancé la marche du temps; il pouvait tout, et n'a rien fait pour sa propre conservation, celle des siens, de tous les braves et de la France.

Cependant, les bruits sourds de vingt ambassadeurs étrangers devaient parvenir à ses oreilles; à chaque victoire nouvelle ils chuchotaient dans ses palais, mais très-bas, étant plus instruits que nous de ce qui se passait au dehors : Succès précaires, éphémères. L'orgueil de cet homme a causé sa surdité!

Aventureux argonaute, il monta sur le char trop dangereux de l'ambition; il s'éleva trop haut, et le voilà perdu dans les nues; il ne voit plus le ciel ni la terre qu'il a déjà jugée trop petite pour son ambition; mais dans son délire, il avait perdu tous ses points d'appui, la religion, les lois, la politique, la morale publique, généralement outragées, et l'admiration des Français.

L'Europe et la France n'ont plus vu en lui qu'un homme extraordinaire, mais égaré à jamais.

Voilà les causes des infortunes de Buonaparte. J'ai deviné son ambition en Italie, au milieu de ses victoires. Je les ai admirées, bien persuadé cependant qu'elles ne font pas toujours le bonheur des peuples. Charlemagne et Louis XIV ont pleuré sur leurs lauriers.

Depuis, j'ai plaint Buonaparte. Il méritait un autre sort, car il a été dix ans dans ses mains; et en définitive, il a livré deux fois la France aux hasards de l'invasion et de la dévastation. Louis XVIII l'a sauvée deux fois par sa sagesse, sa Charte et sa modération.

. Tous les rois ont appuyé et respecté ses droits; ils ont vénéré la couronne replacée sur son auguste front. La cause des rois est celle de Dieu et de tous les pères!

Charles X continuera les œuvres de son auguste frère : telles sont les dernières volontés d'un monarque législateur. Ces volontés dernières, et encore récentes pour le cœur de tous Français, sont déjà remplies et respectées par Sa Majesté Charles X , et le seront par sa dynastie.

Français, vous pouvez juger des obstacles que Louis XVIII et la famille des Bourbons ont eus à surmonter pour votre bonheur et celui de leur auguste famille.

Au milieu des tourmentes de l'Europe, Sa Majesté Louis XVIII, en tous temps, en tous lieux, et plus encore dans sa retraite d'Harwelt, se pénètre encore plus de ses devoirs comme roi; il étudie, réfléchit, médite et rédige sa Charte chérie, immortel ouvrage de son constant amour pour le bonheur de son peuple.

« Qui connaît mieux, dit l'Evangile, que le « bon Pasteur le bien qu'il faut faire à son trou-« peau? »

L'Europe retentit du bruit des armes, le bronze gronde, la poussière de tous les camps obscurcit l'air et la clarté des cieux ; des succès brillans, même étonnans, occupent et frappent l'âme bien préoccupée de Louis XVIII; il s'écrie dans sa sagesse, en élevant ses yeux vers Dieu : *Non, l'ordre de la justice ne peut pas toujours être interrompu! espérons toujours!*

Il pleure sur des lauriers trop chèrement achetés du sang de ses sujets; il fait plus, dans sa tendre et paternelle sollicitude, il recommande dans toutes les cours, dans tous les camps, ses

enfans prisonniers à la générosité du vainqueur (1).

Mais au milieu de ses réflexions et de tous ses
soins généreux, rien ne peut troubler son âme
ni abattre son courage. C'est l'homme d'Horace,
son poëte favori :

> *Si fractus illabatur orbis*
> *Impavidum ferient ruinæ.* (HORAT.)

Le testament de l'infortuné Louis XVI a ins-
piré Louis XVIII. En montant sur son trône, il
veut donner un gage de son amour à la France
par un acte solennel. La Charte constitutionnelle sera désormais le code de nos lois, et peut-

---

(1) *Lettre de Sa Majesté Louis XVIII, roi de France,*
à Sa Majesté l'empereur des Russies.

« Le sort des armes a fait tomber dans les mains de
« Votre Majesté Impériale plus de 150,000 prisonniers, ils
« sont la plus grande partie Français. Peu importe sous
« quels drapeaux ils ont servi ; ils sont malheureux. Je ne
« vois parmi eux que mes enfans. Je les recommande à la
« bonté de Votre Majesté impériale. Qu'elle daigne consi-
« dérer combien un grand nombre d'entre eux ont déjà
« souffert, et adoucir la rigueur de leur sort. Puissent-ils
« apprendre que leur vainqueur est l'ami de leur père.
« Votre Majesté ne peut pas me donner une preuve plus
« touchante de ses sentimens pour moi. »

Une si noble sollicitude ne saurait être inspirée que par
un monarque légitime.

être un jour le modèle des lois des monarchies des deux mondes.

La Charte est le testament de Louis XVIII offert à son peuple de son vivant ; sa dynastie la suivra dans ses généreuses et louables intentions, et fera respecter la loi jurée.

La postérité bénira le nom de Louis XVIII tant que le langage de la religion et de la justice sera entendu parmi les hommes.

Quel acte plus grand, plus généreux, pouvait vous offrir Louis XVIII lors de sa rentrée dans la capitale de son royaume !

Vous le savez, Français, sa Charte a désarmé l'Europe, et cet acte solennel vous a réconciliés avec tous les cabinets de l'Europe ; il est émané de sa seule et indépendante volonté.

N'importe les causes, vous étiez vaincus, et toujours malheur aux vaincus.

Victrix causa diis placuit, sed victa Catoni.....

Louis XVIII a donné un grand exemple au monde civilisé ; il a entendu les cris plaintifs et respectueux de l'humanité. *Justice pour tous ! c'est le vœu de mon cœur ; il sera rempli,* a dit le monarque dans sa retraite d'Hartwell, près de Londres. Toujours roi de son peuple, il a compris les erreurs des philosophes anciens et modernes; mais dans sa sagesse, il a distingué, jugé, apprécié leurs sages avis.

Les philosophes anciens et modernes demandaient trop, craignant de ne rien obtenir.

Le temps seul, père de l'expérience, pouvait amener l'époque de ce bien tant désiré par tous les amis de l'humanité.

Louis XVI, cette auguste victime, qui a commandé le pardon, martyre de sa religion et de la cruelle politique de ses ennemis, Malsherbes, Angrand, Dormesson, Rochambeau, Bailli, Desprémesnil, Duport, du Tertre, Luckner, Biron, Custines, Roucher, André Chénier, Durosoy, et trop de noms célèbres à citer, n'ont pu comprendre ce chaos de déraison : comme Pline le jeune, ils ont été ensevelis dans le nouvel Etna, sans avoir pu le comprendre.

Mirabeau, Barnave, Tallien, Camille des Moulins, Legendre, Danton, l'infortunée école politique de la Gironde, Vergniaux (quel nom célèbre et malheureux à prononcer!), Fabre d'Églantine, Dubuisson, Chapellier, Hérault-de-Séchelles, de Saint-Fargeau, Gorsas, Champfort, et tant d'hommes bien intentionnés, mais entraînés par les sophismes des temps, ont reculé devant leur propre ouvrage et ont blâmé les fausses doctrines; mais il n'était plus temps!

Dans cet affreux conflit, le temps seul pouvait tout faire ; c'est un grand temporiseur.

Le temps est un trésor plus précieux qu'on ne pense.

(P. Corneille.)

Le corps social a été tourmenté d'une fièvre violente : les rois et les peuples ont souffert de cette affreuse position ; mais rendus au calme par les soins des législateurs, tous se regardent, se respectent, et sont plus disposés à s'aimer.

Les révolutions finissent comme les tempêtes. Les tempêtes ne sont point l'ordre. Après le calme, le matelot bénit Dieu.

Tel est aujourd'hui l'état moral et politique de tous les peuples.

Voilà les bienfaits de Louis XVIII et de son auguste frère Charles X, notre roi chéri. Le serment qu'il a prêté à Reims est l'acte le plus pieux qu'il pût offrir aux mânes de Louis XVIII.

Louis XVI avait prévenu et devancé Louis XVIII dans toutes ses louables intentions. Monté à vingt-trois ans sur le trône de Louis XV, ce monarque veut, et s'empresse de connaître l'état des finances, remédier au mal, enfin rétablir le bon ordre.

Louis XVI rappelle les parlemens exilés, contre l'avis cependant de Monsieur, depuis

Louis XVIII, qui avait bien jugé cette magistrature très-honorable, mais qui depuis s'est égarée, ayant mal jugé sa position; elle fut, comme Caton, victime de la trop grande rigidité de ses principes.

Louis XVI a aboli les corvées, les servages, la question extraordinaire, le supplice de la roue. Louis XVI a voulu voir réhabiliter la mémoire de Lally-Tolendal, des Calas, des Syrven, de l'infortuné chevalier de la Barre, etc. Ce nouveau Titus marquait chacun de ses jours par un bienfait.

La cruelle ingratitude a surpris, trompé l'ignorance d'un bon peuple, qui sera toujours religieux, fidèle et brave; mais il faut l'instruire.

Si l'instruction eût été mieux dirigée et plus répandue dans nos campagnes lors de nos époques désastreuses, nous n'aurions pas à pleurer tant de victimes, le plus souvent dupes des sophistes.

En 1789, il y avait beaucoup de gens d'esprit à la cour, dans nos salons de Paris et de nos provinces, mais généralement absence de jugement. La raison, dans toutes les classes de la société, a été prise au dépourvu.

De l'esprit si l'on veut, mais pas le sens commun.

(GRESSET.)

Les corps mêmes enseignant avaient perdu les traces des saines doctrines; un relâchement total, un désir forcené d'inventer et d'instruire dévorait les prétendus amis de la philosophie moderne, la plupart trompés dans leurs bonnes intentions. La philosophie s'égarait à la cour comme dans les salons; plus tard, elle s'est momentanément perdue en courant les rues. Aujourd'hui, elle se console; elle est mieux entendue et mieux pratiquée. Frédéric lui-même faisait des *Soupers philosophiques* à Berlin avec la Métrye, Voltaire, Maupertuis, Darnaud-Baculard, d'Alembert et autres savans.

Là l'empire à souper passait en république.

(CHÉNIER.)

Tous les savans convives, le monarque lui-même, voulaient la liberté publique, la tolérance, la réforme de tous les abus; ils ne se trompaient tous que sur les voies et moyens pour y parvenir.

Les libertés de l'Eglise gallicane et la Charte constitutionnelle ont résolu le grand problême, et mis les choses et les hommes dans leur vraie position.

Si, avant la révolution, il y avait eu plus d'ins-

truction (je ne parle pas d'éducation), le mal
eût été arrêté plus tôt dans son cours.

Monarques, instruisez vos peuples dans leurs
religions et les lois de leurs souverains!

L'instruction abandonnée, ignorance com-
plète sur les principes de l'Evangile, de la religion et de la morale publique; la lecture, l'écriture, les plus simples calculs d'arithmétique,
oubliés dans nos campagnes, toute instruction à
peu près négligée.

Les curés, leurs vicaires, classe si vénérable
de notre Eglise, étaient sans aucun moyen, et tous
découragés.

·L'instruction était aussi mal suivie dans les
villes de notre malheureux royaume. Nous ne
connaissions pas alors en pratique les avantages
de l'enseignement mutuel.

Indè mali labes. (Virg.)

· Mais, de nos jours, notre gouvernement est
intimement persuadé que la religion bien ex-
pliquée et l'instruction sont le remède à tous les
maux. Quel levier plus puissant pour élever l'âme
vers un mieux! Le devoir est fixé : celui de
l'homme est de le remplir.

Les fonds admis au budget pour les frais de
l'instruction publique sont le plus juste, le plus

sage et le plus généreux emploi que Charles X peut faire d'une partie des revenus de son royaume.

L'instruction est non seulement un devoir, mais une dette sacrée de l'Etat!

L'orphelin, le nouveau né pourra dire plus tard à son roi Charles X : « En naissant, j'ai trouvé tous les biens partagés sur le sol où je suis né; *rien pour moi n'était réservé.* Mes infortunés parens n'ont rien prévu pour moi. Je bénis leur mémoire sans les connaître; mais vous, mon roi, mon cher Charles X, vous êtes le père de tous vos sujets; ordonnez que l'on dirige mon âme vers Dieu et mon cœur vers vous; que j'apprenne un métier, que je sois utile, reconnaissant envers vous, mon roi, mon bienfaiteur; que la société reçoive le fruit de mes premiers travaux, qu'ils vous aident, encouragent à faire chaque jour le même bien à d'autres orphelins infortunés ou enfans abandonnés. » Telle est la prière de cet enfant à Charles X; elle est déjà entendue; Dieu la fait parvenir au cœur du fils aîné de l'Eglise.

Mme la Dauphine, Mme la duchesse de Berri, M. le Dauphin de France et nos princes visitent nos hospices et ceux créés par eux. Voyagent-ils, un site pittoresque est oublié; un hospice est-il nécessaire, l'humanité va de suite en reconnaître l'emplacement; des secours aussi prompts que généreux sont donnés. Quelle activité de bienfaisance que j'admire et cherche à expliquer! Mais ils sont Français, ils nous aiment, et chacun de leurs jours est marqué par de bonnes œuvres.

Viennent-ils visiter leur auguste père, ils cherchent à le distraire un instant par le récit du bien fait dans la journée. Charles X montre aussi les tablettes des bienfaits du jour. Le secret est bien gardé entre eux. Ils se quittent, s'embrassent, se promettant de nouveaux efforts pour le bonheur des Français. Voilà tous les secrets du cabinet des Tuileries connus; car j'ai entendu avec attendrissement des cœurs reconnaissans qui m'en ont fait l'aveu.

Le bien est facile à faire; mais il faut le vouloir fortement : c'est l'occupation la plus active des bons cœurs!

L'instruction est le besoin le plus pressant du peuple français. Les Romains demandaient à haute voix : Panem et circenses. Les Français, plus sages que ce grand peuple, réclament aujourd'hui avec calme, de leur gouvernement, de l'instruction; ils ne demandent pas d'éducation. Le gouvernement ne peut pas chaque jour élever des légistes, des orateurs, des statuaires, des peintres, des architectes, des graveurs, des savans et des artistes en tous genres; mais il doit de l'instruction à tous, selon le rang que le sujet présente en espérance, vu la place qu'il doit occuper plus tard dans la société.

Je n'ai pas craint d'établir une ligne de démarcation. Les hommes d'un génie supérieur se sont toujours fait place. Nos rois ont eux-mêmes, de leurs bienveillantes mains, brisé les barrières que les priviléges du temps leur défendaient de franchir; et François Ier, notre grand monarque, leur donnait la main pour arriver plus tôt jusqu'à lui.

Louis XIV a été au-devant des Fabert, des Chevert, des Jean Bart et d'autres noms illustrés par lui, que je pourrais citer, tous braves et loyaux sujets, et dépourvus de parchemins, il est vrai; mais leur amour pour leur roi, pour la gloire, était tout aux yeux du monarque, et ces beaux titres leur ont suffi.

Qui mieux que Louis XIV a connu, apprécié le mérite de Corneille, de Racine, de Mézeray, de Molière, de La Fontaine, de Boileau, de Turenne, de Vauban, de Catinat, de Tourville, de Duguai-Trouin, de Quinault, de Lenôtre, de Pascal, de Luxembourg, de Descartes, de Lebrun, de Mignard, de Rigault, du Poussin, de Perrault, du Pujet, de Drevet, de Nanteuil, de Roland, de La Bruyère, de d'Aguesseau, de Bossuet, de Massillon, de Bourdaloue, de Montesquieu, et de tous les noms illustres qui ont donné à son règne le nom à jamais célèbre de *grand siècle?*

Les grands hommes, les savans et tous les artistes sont donc reconnaissans.

Les artistes sont toujours fiers de rattacher leurs noms à celui d'un grand monarque : c'est une association tacite de gloire, de talens et de puissance.

Souverains de l'Europe, encouragez donc l'instruction dans vos Etats ! la morale publique le veut avant même la perfection des arts (1)!

Homère, Virgile, Horace, Ovide, Plutarque, Tacite, Tite-Live, Quint-Curce et autres grands poëtes et historiens, nous font admirer les héros de l'antiquité : sans leurs écrits, moins de gloire

----

(1) L'instruction peut tout vivifier dans la France : multipliez les écoles en tous genres, arts industriels et métiers. Il y a soixante-dix ans, nos bons aieux et la majeure partie des marchands de Paris et de nos provinces ne savaient pas signer leurs noms chez le tabellion ou le notaire ; alors ils déclaraient devant témoins ne pas savoir écrire, et ils faisaient une croix au bas des actes à signer. Aujourd'hui, les enfans ou neveux de ces mêmes bons négocians paient en imposition 200 millions par an au gouvernement.

et de grands exemples à suivre, vu des noms si illustres. Hélas! le plus grand nombre serait oublié. Horace a sauvé les noms d'*Auguste*, de *Mécène* et le sien de l'oubli des temps.

L'instruction donnée aux peuples enrichit donc les Etats; l'ignorance les perd. J'insiste sur ce point essentiel.

Le monarque Charles X, son auguste dynastie, les grands de son royaume, sont pénétrés de l'importance du serment du sacre et du serment à la Charte constitutionnelle juré sur le même autel, à Reims. Mais la France entière doit, par reconnaissance, bien connaître ses devoirs envers son roi. L'instruction seule peut les faire parvenir aux cœurs de ses sujets. Que voulez-vous faire comprendre à un homme qui ne sait pas même lire? J'ignorais, dira-t-il. Plus instruit, il n'a plus d'excuses; il est oublieux, ingrat ou coupable. Il ne suffit pas qu'un monarque veuille le bonheur de son peuple, il faut que ce même peuple en comprenne au moins les plus simples et généreuses intentions : écrites ou imprimées, il les lira le soir dans sa maison, dans sa chaumière, et plus il comprendra le bien que Charles X lui veut, plus Charles X sera chéri. Plusieurs déchiffrent déjà la Charte, le testament de Louis XVIII et le Code civil.

L'ignorance a produit tout le mal. Dans nos troubles civils, les novateurs ont été les nouveaux *sorciers* de la prétendue liberté prêchée par eux ; ils ont séduit les hommes de nos campagnes, qui ont cru un moment, mais franchement, que l'égalité avait pour but définitif le partage général de toutes les terres du sol français. Le crime astucieux a séduit l'ignorance ambitieuse par ses faux sophismes. Le malheureux et le malade prennent tout ce qu'on leur offre pour remède à leurs maux.

Autre erreur. On a vu à Nanci deux mille soldats armés pour défendre la cause de la liberté. Tous les corps étaient réunis, classés, leurs chefs à leur tête, tous en ordre de bataille, sur la place d'armes. Un mouvement se fait dans les rangs ; des demandes impérieuses se font entendre, et les soldats exigent l'exécution des promesses faites par le représentant du peuple.

Une maison avec jardin était promise, à son retour, à chaque soldat partant librement pour défendre la liberté. Une difficulté s'élève dans les rangs. Le jardin sera-t-il devant ou derrière la maison ? Le général chargé de les conduire à l'armée arrive : connaissance prise des demandes formées, il parcourt avec sang-froid la ligne, et dit à haute voix : *Soldats, chaque maison aura*

deux jardins, un devant et l'autre derrière !
et de suite on battit l'ordre du départ.

Je cite au hasard des anecdotes très-connues ;
l'authenticité n'en sera pas contestée. J'ai prouvé
que, sans une instruction simple dans les campagnes, les bonnes intentions de nos rois n'y seront pas entendues ; car il faut savoir lire pour
comprendre le bien que les rois veulent pour
leurs peuples. Les besoins de la religion sont aussi
impérieux : l'instruction servira les intérêts de
Dieu et du Roi.

La population, en France, est de 30,643,500
individus, le nombre des écoliers est de 1,070,500.
La France, comparée à sa population, ne présente en instruction qu'un individu sur trente.
L'instruction n'est donc pas encore dirigée et suivie
en France selon sa population et ses besoins. Je
parlerai plus tard de l'état de l'instruction chez
d'autres peuples. Je suis Français ; parlons de la
France ; elle est en arrière sur ce point important,
avec l'Angleterre, la Hollande, la Bavière et
d'autres parties de l'Allemagne.

Je me suis expliqué sur la nécessité d'une simple et sage instruction ; je n'ai rien réclamé pour
l'éducation : j'abandonne les hommes de génie à
eux-mêmes. Je réclame la simple instruction des
campagnes, comme la sauve et sainte garde de

la religion, des lois et de la Charte constitutionnelle.

Quand un peuple peut lire, il comprend les
lois religieuses et civiles de son pays, et il y su-
bordonne ses devoirs, même ses affections, pour
elles et pour son roi.

L'ignorance produit la désobéissance, l'oubli
du bien ; et dans le désordre dont profitent les méchans, l'arche sainte est insultée et ses lois ou-
bliées, malgré les saints sermens des rois. Instruisez donc, et vos sermens seront défendus par
vos peuples aux pieds de vos trônes et de nos
autels.

Je crains les hommes qui ont reçu une moitié
d'éducation, que je vais désigner sous le nom
d'*hommes à demi-lumière et à courtes vues :*
ces hommes sont bien dangereux dans nos troubles civils. Ils entendent mal la lecture, leur esprit n'y comprend rien, et leurs passions expliquent à faux des systèmes.

Les hommes simples, au contraire, qui ont
reçu la simple instruction des campagnes, conser-
vent leur cœur pur et leur jugement sain.

Les premiers ont déjà perdu toute sensibilité
et tout jugement.

Que penser de l'espèce humaine, quand nous
avons vu des hommes de génie s'égarer? Que con-

clure? qu'il faut toujours instruire le plus grand nombre.

Gouvernemens, instruisez, éduquez : vous avez tant d'ignorans à convaincre de vos bonnes intentions! Vos élèves réduiront les sots au silence, par reconnaissance pour vous et le sentiment généreux de leur dignité.

En France, sur 30 individus, 1 seulement reçoit de l'instruction (instruction simple); on lui apprend à lire, à écrire et à compter.

En Russie, la population est de 40 millions; l'instruction n'est offerte qu'à 1 individu sur 954 qui en sont privés.

En Hollande, 1 individu instruit sur 12 non instruits.

En Angleterre, 1 instruit sur 16 non instruits.

En Bavière, 1 sur 12 non instruits.

En Allemagne, 1 sur 40 non instruits.

On n'a pu se procurer des renseignemens exacts sur l'état de l'instruction en Espagne.

J'ignore comment la Haute et Basse-Italie suivent l'instruction de leurs peuples.

Vu cette incurie pour l'instruction dans le vaste empire des Russies, je cesse de partager les opinions de Voltaire, de Rousseau et autres écrivains et publicistes : la lumière ne peut plus ve-

nir du Nord. Le compliment des temps a été trop
flatteur :

C'est du Nord aujourd'hui que nous vient la lumière.

Les Russes, conduits en France par l'impru-
dence d'un homme, ont pu visiter la capitale de
ce royaume ; mais cette masse, influente en ap-
parence, baissera toujours ses baïonnettes devant
toutes les civilisations européennes. La force n'est
pas la science !

J'ignore le nombre des hommes de toutes armes que le gouvernement français entretient en
temps de paix ; mais j'estime, sans prescrire d'é-
conomie (ce n'est pas de mon fait), que deux
écoles polytechniques, élevées et dirigées en
France par des maîtres habiles, seraient bien im-
portantes sous le rapport d'une utilité prévoyante.
Si vis pacem para Bellum. Si 50,000 hommes
vous sont utiles en temps de paix, gardez-les
sous leurs drapeaux ; s'ils vous sont inutiles, vous
les détournez de l'agriculture, des arts industriels. Vos écoles polytechniques peuvent ne pas
toujours tomber à la charge du gouvernement ;
les parens peuvent vous seconder par des efforts.
On peut former une deuxième école polytech-
nique en France. Vos écoles polytechniques vous,

présenteront chaque annéé des officiers instruits capables de former en trois mois 5o,ooo soldats, et vous aurez en sus des officiers artilleurs, mineurs, des élèves pour les ponts et chaussées, des hommes instruits pour l'architecture civile, militaire et navale, des savans, des géomètres, des chimistes, des physiciens, des mécaniciens, des guides dans nos manufactures sous le rapport des arts industriels.

L'école de Châlons a fait ses preuves. Grands succès obtenus aux expositions du Louvre! Aussi l'admiration et la juste reconnaissance de la France ont protégé auprès du gouvernement, toujours juste, ce grand et utile établissement : récompense bien due à son généreux protecteur, M. de Larochefoucault-Liancourt (1). Eh bien!

---

(1) Ordonnance du 6 juillet 1825.

Dans sa séance du 21 de ce mois, le conseil municipal de Châlons-sur-Marne a voté à Sa Majesté l'adresse suivante :

« SIRE,

« Votre ordonnance du 6 juillet conserve au département de la Marne, particulièrement à notre ville, l'école royale d'arts et métiers qu'une précédente mesure enlevait à nos contrées.

« Un tel bienfait excite chez nous une reconnaissance universelle; mais il nous est bien plus précieux encore, puisque nous devons essentiellement l'attribuer (Son Exje désire voir encore se former en France trois établissemens de ce genre si utile, si honorable et si profitable. Notre auguste monarque peut en fixer les emplacemens après le rapport qui en déterminera les distances.

On apprend chaque jour à lire, à écrire et à chiffrer à un million de Français : ne peut-on pas, sans frais majeurs, diriger par année deux mille Français vers des arts industriels, profitables à leurs études comme à eux-mêmes? Plusieurs pères de famille viendront au-devant de ces trois établissemens vraiment utiles, en payant les pensions ou une partie de ces pensions au gouvernement.

Beaucoup de Français sont désabusés sur un ancien adage : *Le grec et le latin mènent à tout* (1).

---

cellence le ministre de l'intérieur nous l'annonce) à la satisfaction qu'ont fait éprouver au cœur de Votre Majesté les sentimens d'amour et de fidélité des habitans de la Marne, dans la récente solennité du sacre.

« Nous sommes heureux, SIRE, mais nous ne sommes pas surpris que votre cœur paternel ait été sensible aux élans des nôtres, et nous recevons avec un respectueux attendrissement les marques toutes particulières que Votre Majesté daigne nous accorder. »

(1) Les langues allemande, anglaise, hollandaise, italienne, espagnole, portugaise, russe, ne sont pas assez suivies en France.

Nos pères le pensaient. Mais comme aujourd'hui il n'y a pas de BÉNÉFICES sans travail, je soutiens que le latin et le grec sont de bonnes sciences à cultiver, mais non toujours profitables aux cultivateurs. Plusieurs camarades de collége me l'ont dit; je les crois sur parole. Je suis de l'avis de J.-J. Rousseau : *Un métier utile avant tout.*

Charles X, petit-fils de Saint-Louis, d'Henri IV et de Louis XIV, aujourd'hui roi de France, sent tout le prix de ses nobles héritages : déjà ses actes prouvent qu'il ne peut s'arrêter dans la carrière du bien. Il veut faire des heureux, il le sera lui-même. Juste récompense!

Français, votre roi évitera toute guerre injuste; il pacifiera sur tous différens tant que l'honneur de la couronne n'en souffrira pas.

Son peuple, comme tous les peuples religieux, sages, instruits, est monté au périgée de sa gloire. D'ailleurs, qui oserait injustement ou *imprudemment* provoquer la France! Son roi a pour simple et loyale défense son bon droit et le cœur de 3o millions de sujets prêts à couvrir le sien. Roi eut-il jamais un plus noble et plus beau bouclier?

La noblesse le vénérera toujours; il a déjà consolé d'anciennes infortunes, comme il consolera les nouvelles.

La France, cette belle France! EXPRESSION

ÉCHAPPÉE *à l'infortunée Marie Stuart,* ÉPOUSE DE FRANÇOIS II, ROI DE FRANCE;

Oui, cette belle France, aussi féconde en vertus que son sol est riche en productions, qui voit croître autant de lauriers et s'épanouir autant de fleurs qu'elle a de couronnes à donner à ses enfans, la France a entendu la voix de son roi Charles X.

Elle a voté la loi de l'indemnité; loi qui a fixé, je crois, définitivement tous intérêts; loi qui a réglé, éteint tous comptes moraux et financiers; loi juste, mais d'entière réconciliation, et qui doit être à jamais sincère.

Que les ministres de Charles X s'expliquent toujours en son nom; ils seront entendus et bien accueillis. Qui peut arrêter les Français dans la carrière du bien comme dans celle de la gloire et de la générosité, quand Charles X et son auguste fils feront entendre leurs voix?

Le sacre, cette sainte et auguste cérémonie, et le serment de Charles X à la Charte constitutionnelle, sont pour l'Europe un grand évènement: c'est le triomphe de la civilisation, après trente-six années de troubles et d'hostilités sanglantes entre le pouvoir absolu et l'anarchie.

C'est aussi, Français, le triomphe de la religion chrétienne.

Le clergé de France a montré tout son zèle religieux, et aujourd'hui l'Eglise gallicane respecte le chef de l'Église romaine comme elle respecte son Roi.

Plus de querelles religieuses et politiques; oublions toutes dénominations; aimons Dieu, notre Roi et son auguste dynastie. Je ne parle pas de factions. Quand le glaive se cache, la plume doit tomber des mains. Tous les Français n'ont-ils pas juré à Reims, au pied des autels, oubli du passé? Louis XVIII et Charles X en ont donné les premiers l'exemple.

Oui, Charles X fera observer nos lois divines et judiciaires; il déchirera de l'Histoire de France confiée aux études de son petit-fils, le duc de Bordeaux, des feuillets désastreux qui rappelleraient plus tard à cet auguste enfant les malheurs d'un peuple qui doit l'aimer, et qui fera tout pour l'être à son tour.

Charles X lui dira : « Mon cher petit-fils, le Français est bon, sensible, généreux, brave, respectueux et reconnaissant; fais pour lui, il fera tout pour toi. (Henri IV lui tiendrait le même langage.) Tu seras, après nous, roi de France, car tel est l'ordre de la nature. Je te laisserai, mon cher petit-fils, pour exemples les noms de tous nos rois, Saint-Louis, Louis XII, François Ier, Henri IV, Louis XIII, Louis XIV, Louis XVI, Louis XVIII, le mien peut-être. J'espère le rendre encore plus digne de passer à la postérité, vu mes louables intentions pour la France.

« Les exemples de ton oncle, mon cher fils le Dauphin, vainqueur et pacificateur en Espagne, le modèle de toutes les vertus, dans la personne de ta tante, ma chère fille, Dauphine de France. Je dois, mon cher petit-fils, te parler de ta tendre mère; elle a pu essuyer et non sécher nos larmes, celles de nos Français et de tous les hommes justes dans les deux Mondes. Aime ta mère, Mme la duchesse de Berri, comme un bon fils; elle t'a aimé la première, et dans des temps bien tristes pour elle et pour nous tous. Préviens toujours ta mère par tes tendres caresses, joins-les à celles de ton aimable sœur, ma chère petite-fille; que je vous voie souvent tous deux à ses côtés.

« Petit-fils d'Henri IV, né Bourbon, sois fils sensible et respectueux; partage ton cœur entre ta mère, ta famille et la France. Aime-moi comme je t'aime; vénère ton Dieu; tu vivras toujours heureux.

« Mon cher petit-fils, nous te laisserons encore un héritage bien précieux, le cœur de

3o millions de Français prêts à tout sacrifier pour l'honneur de la France, ton bonheur et celui de notre ancienne dynastie, veuve de soixante-neuf rois.

« Imite toutes leurs vertus, évite leurs fautes; il en est d'excusables, vu le temps où ils ont vécu.

« Il se présentera peut-être un Sully connu et apprécié par toi; ne l'appelle jamais que ton ami. Si je suis assez heureux, sous mon règne, pour le distinguer dans ma cour, je te confierai à ses sages avis et à toute sa prudence. La France doit posséder un Sully dans son sein. Ces hommes vertueux sont rares, je le sais; mais comme roi, comme père, je dois le reconnaître sous le manteau toujours modeste de la vertu. Je le chercherai, j'irai franchement et de cœur au-devant de lui, *quoique le bien le porte vers nous, cet homme vertueux, par affection pour toi.* Le Dauphin, ton oncle, me secondera dans ce choix important; car tu penses bien, mon cher petit-fils, qu'il ne suffit pas à mon bonheur que tous mes prédécesseurs aient fait tout le bien possible et en leur pouvoir : dans la carrière de toutes les vertus, il reste toujours à faire pour un Bourbon.

« Tu continueras, selon les dernières paroles de Louis XVIII, mon cher petit-fils, ce qu'il aura, ainsi que moi et ton oncle le Dauphin, commencé.

« Mon cher petit-fils, dans un âge plus avancé, fais vénérer la religion chrétienne ; tolère, selon nos promesses, les autres cultes ; c'est un moyen sage et sûr pour les concilier tous. Ton grand aïeul s'est trompé ou a été trompé malheureusement sur ce point ; il a peut-être reculé au lieu d'avancer cette sainte réunion tant désirée. On doit gagner les cœurs, et jamais les contraindre. Fais toujours observer les lois de ton royaume, la Charte constitutionnelle, œuvre des sages méditations de ton grand-oncle Louis XVIII. Continue de faire chérir le nom de *Bourbon*.

« Dans les promenades de ton enfance, souvent tu reçois les saluts des Français ; tu dois, ainsi que ton aimable sœur, avoir du plaisir à les rendre.

« Dans un âge plus avancé, tu auras peut-être besoin, mon cher fils, de fortifier dans ton cœur, déjà généreux, tous les sentimens divins de la bonté, de la clémence, la seule et vraie consolation des rois qui sont toujours disposés à pardonner.

« Mais, mon fils, il est des cas où la clémence s'arrête devant la nature outragée ; la société veut la peine du crime commis. Il a dépassé la puissance des rois ; nous ne pouvons plus rien, et nous plaignons encore le coupable ; c'est un de nos enfans égarés.

« Eh bien ! mon fils, il faut toujours grandir en bien ét faire de bonnes œuvres. Prends-en la généreuse et noble habitude chaque jour. Quoique jeune encore, pense le lendemain aux devoirs remplis ou négligés la veille ; ses fautes connues on les répare tout de suite, et on évite d'avoir à se plaindre de soi.

« Ton nouveau Sully te conduiras vers la statue d'Henri IV, ton auguste aïeul, mais vous deux seuls et dans le recueillement ; tu te pénétreras d'amour pour les Français, comme le bon Henri en était pénétré lui-même.

« Charles X ton père, ton oncle, qui te chérissent, ne seront pas loin de toi lorsque tu rempliras ce pieux devoir.

« Mon cher fils, après nous, ayant rempli une longue vie semée de bonnes œuvres, sois digne, comme ton grand, ton bon aïeul, d'un hommage respectueux et aussi sincère.

« Le peuple français salue chaque jour, avec attendrissement, la statue du bon, du grand Henri, placée sur le terre-plein du Pont-Neuf. »

Oui, j'entends le bronze gronder, l'airain sonne, l'air est déjà plus pur ! Les habitans de nos villes, de nos bourgs, de nos villages et de nos respectueux hameaux, descendent de leurs montagnes ; tous accourent et se rendent religieusement dans leurs temples, pour rendre grâces au Dieu tout-puissant du sacre de Charles X. et de sa rentrée dans sa capitale avec son auguste famille, accompagné des princes et des grands de son royaume.

Mais la plume échappe de mes mains, et je vais au-devant des Bourbons comme tous les Français. *Vive le Roi ! vive le Roi ! vivent les Bourbons ! vive la France !*

RÉSUMÉ.

J'ai exposé mes réflexions sur les deux actes importans de la législation religieuse et civile qui doit aujourd'hui et à jamais gouverner la France. L'Evangile et la Charte étaient sur le même autel le 29 mai 1825. Charles X a levé sa main auguste et a juré devant Dieu, dispensateur de tous biens, de les faire observer. Toutes les cours de l'Europe étaient représentées par leurs ambassadeurs ou envoyés. Tout son peuple était représenté par tous les hommes que notre belle France peut offrir d'illustres, prélats, pairs, magistrats, maréchaux de France, députés, préfets, ministres, et tous les ordres de l'état civil et militaire.

La France écoutait en silence cet auguste et sacré serment que les deux Mondes bénissent, et tous les peuples ont répété en chœur : *Vive Charles X ! vive la France !*

Tous les cabinets de l'Europe doivent être fixés sur leurs principes religieux et politiques ; car enfin il est temps, après trente-six années de tourmentes, dont la politique aurait dû arrêter le cours scandaleux, et dont je ne puis deviner les excuses. C'est l'échafaud de Louis XVI qu'il ne fallait pas laisser dresser! le trône de Buonaparte serait encore chez les ébénistes et les doreurs, et la couronne chez le joaillier; l'Europe eût été plus tôt libre. Aujourd'hui, tous les cabinets de l'Europe ont compris leurs torts; ils ont survécu au naufrage d'un homme qui voulait tous les engloutir avec lui. Qu'ils mettent la main sur leur conscience, qu'ils soient tous justes, qu'ils respectent et consolent toujours les Bourbons comme les Français.

Tous les peuples sont réconciliés; dès lors plus de calme à espérer : la religion et la morale publique le commandent. Les peuples sont plus éclairés; ils connaissent leurs devoirs, les lois seront bien respectées par eux.

Malheur aux ambitieux qui voudraient troubler les sociétés européennes! Les Phaétons modernes ne conduiront plus le char du soleil (impossible!).

Vous, conseillers politiques, aimez vos rois, vos princes; ils vous confient le bonheur de leurs sujets. Rendez-les heureux ces peuples qui ne rêvent réforme, république, que quand l'anarchie absolue peut se faire jour à travers vos cabinets. J'ai de la peine à croire à toute l'importance donnée, à certaines époques, aux troubles de Naples, de Turin, d'Espagne et d'Allemagne. D'ailleurs, *les temps ont calmé bien des hommes.* Malgré vos hautes autorités qui se sont occupées de recherches pour bien connaître cette secte présumée existante pour vous, vous pouvez voir des poignards, je ne vois plus de Brutus; et quand je cherche un César, je ne vois que des Titus qui sont tous occupés du bonheur de leurs peuples. Ne le troublez pas ce bonheur par des inquiétudes vagues et de sinistres présages; mais veillez toujours à maintenir un calme parfait dans les Etats de vos souverains.

J'ai démontré que l'instruction simple donnée dans les villages était le plus sûr moyen de faire adorer Dieu, respecter son Evangile et la Charte constitutionnelle.

J'ai été obligé de faire connaître Buonaparte, pour mieux faire vénérer la mémoire de Louis XVIII et faire chérir Charles X et son auguste famille, en faisant connaître les obstacles immenses qu'ils ont eus à vaincre pour venir jusqu'à nous. Français, ces détails, tous historiques, étaient utiles à mon texte, sans cela je n'aurais pas parlé de lui. J'ai, dans cet écrit, rendu justice à ses talens militaires; j'ai blâmé sa politique et son excessive ambition, et je n'ai pas craint d'avouer que je l'ai admiré, que je l'ai plaint comme un être extraordinaire, mais égaré dans ses vues. Les hommes calmes en Europe ont tous porté le même jugement. La postérité prononcera plus tard sur Buonaparte; il est déjà de son domaine.

Trois épées se sont présentées à ses yeux : celles de Washington, de Monck, de Duguesclin; il a préféré celle de Cromwell. Il ne l'a peut-être vu brandir qu'une heure dans ses mains; mais quelle heure affreuse pour la France! L'a-t-il essuyée plus tard de ses larmes? Il devait y tracer de sa main le mot REMORDS, puis la briser et en confier les débris à un homme juste (1).

Je crois devoir mettre sous les yeux du public plusieurs documens et lettres autographes de Louis XVIII, imprimés dans les temps chez l'étranger, et depuis en France; ils ne peuvent qu'augmenter la vénération que la France porte à sa mémoire.

M. de Chateaubriand, dans son écrit intitulé *de Buonaparte et des Bourbons,* s'exprime ainsi : « Le sang noble et doux des Capets ne se re-

---

(1) 21 mars 1804.

posait de produire des héros que pour faire des rois honnêtes hommes : les uns furent appelés *sages, bons, justes, bien-aimés;* les autres surnommés *grands, augustes, pères des lettres et de la patrie.* Par une destinée extraordinaire, les Bourbons ont vu leur premier roi tomber sous le poignard du fanatique, et leur dernier sous la hache de l'athée. Depuis Robert, sixième fils de Saint-Louis, dont ils descendent, il ne leur a manqué, depuis tant de siècles, que cette gloire de l'adversité qu'ils ont enfin si magnifiquement obtenuë. Louis XVIII, frère du roi martyr, qui va régner sur nous, est un prince connu par ses lumières, inaccessible aux préjugés, étranger aux vengeances, ami des lettres, instruit et éloquent comme plusieurs de nos rois, d'un esprit vaste et éclairé, d'un caractère ferme et philosophique (1). »

On citait devant Louis XVIII un vers de la tragédie de *Strafort :*

La couronne a ses droits, mais le peuple a les siens.

(LALLY-TOLLENDAL.)

Le prince répondit sur le champ :

Renverser un État n'est pas le réformer.   (*Idem.*)

---

(1) 1er avril 1814.

Monsieur, depuis Louis XVIII, ayant dépassé Maubeuge, et enfin se voyant hors de tout
danger, arrache sa cocarde tricolore, la remet à
son ami le comte d'Avaray, et récite ce vers ly-
rique :

Vains ornemens d'une indigne mollesse !

Réponse de Monsieur *à une lettre reçue le* 11 *novembre*
1791, *portant pour suscription :* A Louis-Stanislas-
Xavier, prince français, frère du roi.

« Sire, mon frère et seigneur,

« Le comte de Vergennes m'a remis de la part de Votre
Majesté une lettre dont l'adresse, malgré mes noms de bap-
tême qui s'y trouvent, est si peu la mienne, que j'ai pensé
la lui rendre sans l'ouvrir. Cependant, sur son assertion
positive qu'elle était pour moi, je l'ai ouverte, et le nom de
frère que j'y ai trouvé ne m'ayant plus laissé de doute, je
l'ai lue avec le respect que je dois à l'écriture et au seing de
Votre Majesté. L'ordre qu'elle contient de me rendre auprès de la personne de Votre Majesté n'est pas l'expression
libre de sa volonté, et mon honneur, mon devoir, ma ten-
dresse même me défendent également d'y obéir. Si Votre
Majesté veut connaître tous ces motifs plus en détail, je la
supplie de se rappeler ma lettre du 10 septembre dernier.
Je la supplie aussi de recevoir avec bonté l'hommage des
sentimens aussi tendres que respectueux avec lesquels je
suis, Sire, etc. »

Louis XVIII répondit, le 13 avril, au marquis

de Carlotti, noble véronais, qui fut chargé de lui annoncer que la république de Venise ne pouvait plus lui donner asile :

« Je partirai, mais j'exige deux conditions : la première, qu'on me présente le livre d'or où ma famille est inscrite, afin que j'en raye le nom de ma main; la seconde, qu'on me rende l'armure dont l'amitié de mon aieul Henri IV a fait présent à la république. »

Le podesta de Vérone protesta contre la réponse de Louis XVIII, et le marquis de Carlotti fut chargé de porter au roi sa protestation.

« J'ai répondu hier, dit Louis XVIII, à ce que vous m'avez déclaré au nom de votre gouvernement; vous m'apportez aujourd'hui une protestation au nom du podesta; je ne la reçois pas; je ne recevrai pas davantage celle du Sénat. J'ai dit que je partirais; je partirai en effet dès que j'aurai reçu le passeport que j'ai envoyé chercher à Venise; mais je persiste dans ma réponse; je me la devais, et je n'oublie pas que je suis le roi de France. »

Le 21 avril, le roi prit la route du Brisgaw.

Lettre de Louis XVIII au pape Pie VI.

« Très-Saint-Père,

« Permettez qu'au milieu de l'affliction à laquelle le cœur de Votre Sainteté est en proie, la voix d'un fils tendre et respectueux s'élève vers elle pour lui exprimer celle qu'il ressent lui-même. Ma tristesse pourrait être moins profonde, si les attentats commis contre Votre Béatitude l'avaient été par d'autres que par des Français. Mais, Très-Saint-Père, ce sont des enfans égarés; ils méconnaissent leur propre père; ils ont pu méconnaître aussi le père commun des fidèles. Daignez ne pas vous en prendre à eux; bien moins encore à la France. Elle est; elle sera toujours le royaume très-chrétien, comme Votre Sainteté sera toujours le successeur de Saint-Pierre. Les seuls coupables sont les tyrans qui abusent ou qui oppriment mon peuple. Votre Sainteté ne confondra pas leurs victimes avec eux, et ses prières, plus agréables que jamais à Dieu, dans ces temps d'épreuves et de douleur, seront, j'ose l'en conjurer, plus spécialement dirigées en faveur de cette nation, qui ressent d'une manière si terrible les effets de la colère céleste.

« Quant à moi, Très-Saint-Père, je renouvelle à Votre Sainteté les assurances de mon attachement inviolable au Saint-Siége, et de ma vénération pour votre personne sacrée, avec lesquels je suis,

« Très-Saint-Père,

« Votre très-dévôt fils,

« LOUIS.

« Mittau, le 5 avril 1798. »

Acte d'adhésion des princes de la maison de Bourbon à la lettre que Louis XVIII écrivit à Buonaparte, lorsque celui-ci osa lui proposer d'abdiquer ses droits à la couronne de France.

« Wansted-House, le 23 avril 1803.

« Nous princes, soussignés, frère, neveu et cousin de Sa Majesté Louis XVIII, roi de France et de Navarre;

« Pénétrés des mêmes sentimens dont notre souverain seigneur et roi se montre si glorieusement animé dans sa noble réponse à la proposition qui lui a été faite de renoncer au trône de France, et d'exiger de tous les princes de sa maison une renonciation à leurs droits imprescriptibles de succession à ce même trône; déclarons :

« Que notre attachement à nos devoirs et à notre honneur ne pouvant jamais nous permettre de transiger sur nos droits, nous adhérons de cœur et d'âme à la réponse de notre roi;

« Qu'à son illustre exemple, nous ne nous prêterons jamais à la moindre démarche qui pût avilir la maison de Bourbon et lui faire manquer à ce qu'elle se doit à elle-même, à ses ancêtres, à ses descendans ;

« Et que si l'injuste emploi d'une force majeure parvenait (ce qu'à Dieu ne plaise) à placer de fait, et jamais de droit, sur le trône de France, tout autre que notre roi légitime, nous suivrons, avec autant de confiance que de fidélité, la voix de l'honneur, qui nous prescrit d'en appeler, jusqu'à notre dernier soupir, à Dieu, aux Français et à notre épée. »

Le 23 mai 1803, Louis XVIII écrivit de Varsovie au prince de Condé :

« Votre commune adhésion à ma réponse m'a exalté, m'a rendu fier d'être votre aîné ; j'ai reçu avec transport le serment qui la termine si noblement. Mais je vous avoue ma faiblesse ; mon amour-propre a peut-être encore plus joui de votre lettre particulière. L'approbation d'un parent justement chéri, d'un guerrier blanchi sous les lauriers, d'un connaisseur si délicat en matière d'honneur, est la récompense la plus flatteuse pour celui qui n'a, au fond, d'autre mérite que d'avoir fait son devoir. »

Louis XVIII adressa de Varsovie, le 5 juin 1804, à tous les souverains de l'Europe, la protestation suivante :

« En prenant le titre d'*empereur,* en voulant le rendre hériditaire dans sa famille, Buonaparte vient de mettre le sceau à son usurpation. Ce nouvel acte d'une révolution où tout dès l'origine a été nul, ne peut sans doute infirmer mes droits ; mais comptable de ma conduite à tous les souverains, dont les droits ne sont pas moins lésés que les miens, et dont les trônes sont tous ébranlés par les principes que le Sénat de Paris a osé mettre en avant ; comptable à la France, à ma famille, à mon propre honneur, je croirais trahir la cause commune en gardant le silence en cette occasion. Je déclare donc, en présence de tous les souverains, que loin de reconnaître le titre impérial que Buonaparte vient de se faire déférer par un corps qui n'a pas même d'existence légale, je proteste contre ce titre et contre les actes subséquens auxquels il pourrait donner lieu. »

Lettre de Louis XVIII à Sa Majesté Charles IV, roi d'Espagne.

« C'est avec regret que je vous renvoie les *insignia* de l'ordre de la Toison-d'Or, que Sa Majesté votre père, de glorieuse mémoire, m'avait confiés. Il ne peut y avoir rien de commun entre le grand criminel que l'audace et la fortune ont placé sur mon trône, qu'il a eu la barbarie de teindre du sang pur d'un Bourbon, le duc d'Enghien. La religion peut m'engager à pardonner à un assassin ; mais le tyran de mon peuple doit toujours être mon ennemi. Dans le siècle présent, il est plus heureux de mériter un sceptre que de le porter. La Providence, par des motifs incompréhensibles, peut me condamner à finir mes jours en exil; mais ni la postérité ni mes contemporains ne pourront dire que, dans les temps de l'adversité, je me suis montré indigne d'occuper jusqu'au dernier soupir le trône de mes ancêtres. »

Les générations présentes doivent être enfin fixées dans leur opinion, et le devoir de l'histoire est de diriger le burin de Clio d'après tous les documens produits et confiés à son examen impartial.

FIN.

PARIS. — IMPRIMERIE DE J. G. DENTU,
rue des Petits Augustins, n° 5.

www.ingramcontent.com/pod-product-compliance
Lightning Source LLC
Chambersburg PA
CBHW051637060726
47597CB00004B/1615